# BEI GRIN MACHT SICH IHR WISSEN BEZAHLT

- Wir veröffentlichen Ihre Hausarbeit, Bachelor- und Masterarbeit

- Ihr eigenes eBook und Buch - weltweit in allen wichtigen Shops

- Verdienen Sie an jedem Verkauf

Jetzt bei www.GRIN.com hochladen und kostenlos publizieren

**Bibliografische Information der Deutschen Nationalbibliothek:**

Die Deutsche Bibliothek verzeichnet diese Publikation in der Deutschen National-
bibliografie; detaillierte bibliografische Daten sind im Internet über http://dnb.d-
nb.de/ abrufbar.

**Impressum:**

Copyright © 2019 GRIN Verlag
Druck und Bindung: Books on Demand GmbH, Norderstedt Germany
ISBN: 9783346199690

**Dieses Buch bei GRIN:**

https://www.grin.com/document/546753

Hannah-Deike Schwaldat

# Gesundheitscoaching. Darstellung anhand eines realen Fallbeispiels

GRIN Verlag

**GRIN - Your knowledge has value**

Der GRIN Verlag publiziert seit 1998 wissenschaftliche Arbeiten von Studenten, Hochschullehrern und anderen Akademikern als eBook und gedrucktes Buch. Die Verlagswebsite www.grin.com ist die ideale Plattform zur Veröffentlichung von Hausarbeiten, Abschlussarbeiten, wissenschaftlichen Aufsätzen, Dissertationen und Fachbüchern.

**Besuchen Sie uns im Internet:**

http://www.grin.com/

http://www.facebook.com/grincom

http://www.twitter.com/grin_com

Deutsche Hochschule für
Prävention und Gesundheitsmanagement
Hermann Neuberger Sportschule 3
66123 Saarbrücken

_x_   **Hausarbeit**

—   **Skript**

| Name, Vorname: | Schwaldat, Hannah-Deike |
|---|---|
| | |
| Modul: | Coaching III |
| Studiengang: | MPGM |
| Datum Präsenzphase: | 16.09.-18.09.2019 |
| Studienort: | Köln |
| Aufgabe: | Darstellung eines realen Fallbeispiels des gewählten Themenschwerpunktes Gesundheitscoaching. |

# Inhaltsverzeichnis

# 1 Einleitung

In der ersten Aufgabe wird die gecoachte Klientin beschrieben und charakterisiert.

## 1.1 Charakterisierung des Klienten

Anhand des Erstgesprächs wird in der folgenden Aufgabe eine Charakterisierung der Klientin durchgeführt. Die Klientin ist 50 Jahre alt und hat eine große und schlanke Statur. Sie wohnt mit ihrem Mann und ihrer 15-jährigen jüngsten Tochter in einem Haus im Norden. Die Klientin ist voll berufstätig und arbeitet als Kindergutachterin beim Medizinischen Dienst der Krankenversicherung. Vormittags ist sie mit dem Auto unterwegs und macht Hausbesuche, die sie dann nachmittags im Home Office bearbeitet. Die Klientin hat ein sportliches Erscheinungsbild, jedoch hat sie lange keinen Sport ausgeführt. Sie klagt über Rückenbeschwerden und wirkt eher energielos. Im Erstgespräch berichtet die Klientin, dass sie ein Problem hat mit dem Rauchen aufzuhören, dass ihr die nötige Motivation dazu fehlt und sie sich nicht überwinden kann. Die Klientin wirkt allgemein unsicher, das fällt auf, da sie beim Reden keinen Blickkontakt sucht. Sie hat eine eher eingefallene Körperhaltung, ihre Schultern fallen leicht nach vorn uns sie hält den Kopf eher gesenkt. Sie spricht sehr vorsichtig und eher leise und bei Nachfragen durch den Coach wird sie unsicher und versucht es dem Coach „recht zu machen". Die Klientin wirkt im Gesamtbild eher negativ eingestellt und ängstlich, da sie von vielen Ängsten redet, was passieren könnte, wenn sie mit dem Rauchen aufhört. Am größten ist ihre Angst vor einer Gewichtszunahme und vor einer schweren Erkrankung. Des Weiteren macht die Klientin einen unzufriedenen Eindruck mit ihrer Gesamtsituation, sie beschreibt ihren Job als sehr stressig und ist verärgert über sich, dass sie es nicht schafft mit dem Rauchen aufzuhören, findet aber gleichzeitig auch viele Ausreden, warum sie nicht aufhören kann: zum Beispiel, dass andere auch rauchen, dass rauchen für sie eine Pause und eine Belohnung ist.

## 1.2 Beschreibung der Ausgangssituation

Die Klientin befindet sich zur Zeit in einem DMPS Programm für Asthma erkrankte, in welches sie ihr Arzt vor kurzem aufgenommen hat. Das beschreibt die Klientin als den Auslöser, warum sie nun das Coaching aufgenommen hat. Der Klientin fällt es schwer aus Gewohnheiten und Ritualen auszubrechen, zu denen das Rauchen mittlerweile auch gehört. Jedoch hat sie immer öfter Angst, wenn sie nur noch schwer Luft bekommt. Sie wünscht sich außerdem ein besseres Vorbild für ihre jüngste Tochter zu sein, damit diese nicht auch mit dem Rauchen beginnt. Die Klientin beneidet andere, die es geschafft haben mit dem Rauchen aufzuhören. Sie selbst unternahm schon einige Versuche aufzuhören unter anderem Hand auflegen. Das letzte Mal hat die Klientin aufgehört zu rauchen, als ihre zweite Tochter geboren wurde (2004) und hat es dann 3 Jahre durchgehalten. Der Klientin ist bewusst, dass sie sich selbst oft belügt und nach Gründen sucht, warum sie nicht aufhören kann. Ihr Ziel ist es durch das Coaching motivierter und positiver an den Versuch heran zu gehen aufzuhören und sich ihre Einstellung dazu ändert und sie somit aktiv auf das Problem zugeht. Sie erwartet nicht, dass sie durch das Coaching aufhört zu rauchen, sondern den Weg zu finden wie sie zum Aufhören gelangen kann. Nach dem Coaching soll für sie anders sein, dass sie bereit ist aufzuhören. Ohne ein Coaching schätzt sie die Entwicklung so ein, dass sie nicht aufhören wird, bis eine schwere Erkrankung auftritt. Ihr Ziel ist es außerdem ein Vorbild für ihre Töchter zu werden. Die Klientin schätzt ihre jetzige Motivation aufzuhören auf einer Skala von 1-10 bei 4 ein und gibt sich 10 Sitzungen, um ihre Motivation zu verbessern.

# 2 Coaching Prozess

## 2.1 Beschreibung des Coaching Prozesses

In der folgenden Aufgabe werden 3 Coaching Sitzungen mit der Klientin, die sich an dem Grow-Modell nach Whitmore orientieren beschrieben. Das Grow-Modell ist hilfreich, um im Coaching den roten Faden zu behalten und sich nicht mit unwichtigen Fragen aufzuhalten. Zusätzlich dient es dazu das Coaching so zielführend wie möglich zu gestalten. Der Coach verhält sich lösungsorientiert und klientenzentriert. Wichtig ist, dass der Coach die Lösungen nicht vorgibt sondern durch die richtigen Fragen den Klienten selbst auf den richtigen Weg bringt. Der Klientin sollte ein Bewusstsein für ihr Anliegen aufweisen und sie sollte auch Verantwortung dafür übernehmen können, damit das Coaching zielführend ist (Whitmore, 1997, S.58).

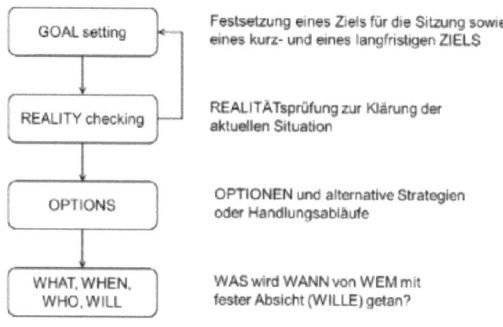

**Abbildung 1: Grow-Modell nach Whitmore (1994)**

Gesundheit ist ein Begriff, der unterschiedlich empfunden und definiert wird. Es gibt allgemeine Definitionen der WHO, jedoch ist festzustellen, dass jeder seine eigene Definition von Gesundheit hat und diese sich auch oft noch dadurch unterscheidet, ob man im Gesundheitssektor tätig ist oder nicht. Im Gesundheitscoaching ist es nun ähnlich, da es für die Gesundheit keinen festen Begriff gibt, wird das Gesundheitscoaching individuell vom Coach und Klienten, durch ihre Prägung des Wortes Gesundheit beeinflusst werden. Das allgemeine Ziel des Gesundheitscoachings ist es, die Klientin zu einer gesünderen Lebensweise zu begleiten, welche ebenfalls individuell ist. Die Klientin soll durch das Coaching motiviert werden ihr Leben selbst in die Hand zu nehmen und in ihrem Sinne für ihre Gesundheit zu sorgen.

Der Coach bereitet sich auf die erste Sitzung vor indem er sich nochmal die Ausgangsdaten des Erstgespräches anschaut und sich vorab überlegt welche Methode er in der ersten Sitzung einsetzen könnte. Der Coach orientiert sich am systemischen Ansatz nach Steve de Shazer, welcher zum Ziel hat lösungsorientiert zu arbeiten (Schlippe & Schweitzer, 2007, S. 35). Für die erste Coachingsitzung nimmt sich der Coach vor mit der Klientin eine ihre Werteliste zu bearbeiten, um ihr Bewusstsein für ihre Werte zu stärken, da ihr bewusst ist, dass sie mit dem Rauchen aufhören sollte und will, aber noch sehr unsicher ist oder nicht genau definieren kann warum sie das aus ihrem Inneren tun sollte. Sie findet viele Gründe im Außen zum Beispiel ein Vorbild sein und nicht mehr unangenehm riechen. Jedoch fehlt ihr noch der Bezug zu ihren Werten. Der zeitliche Ablauf der ersten Sitzung belief sich auf 45 Minuten. In den ersten 10 Minuten ließ der Coach die Klientin ihre Ziele aus dem Erstgespräch wiederholen und fasste diese zur Bestätigung zusammen.

Die Klientin beginnt davon zu erzählen, dass sie eine starke Angst vor der Gewichtszunahme hat und wirft viele positive und negative Gedanken ein, die sie mit dem Aufhören verbindet. Die Klientin wirkt unsicher und sucht nach positiven Aspekten am Rauchen und widerspricht sich oft selbst. Einerseits sagt sie, sie möchte nicht krank werden, andererseits stellt sie die Gewichtszunahme in den Vordergrund. Daraufhin setzt der Coach den provokativen Stil ein, damit die Klientin eine klare Linie in ihren Gedanken ziehen kann und fragt, ob die Klientin es gesünder einschätzt weiterhin zu rauchen oder an Gewicht zuzunehmen.

Die Klientin wirkt auf den Coach in sich sehr hin und her gerissen und kann ihr Ziel nicht mehr so klar formulieren wie im Erstgespräch. Der Coach war für diese Sitzung ursprünglich darauf vorbereitet die Werte der Klientin mit ihr zu ermitteln, um den Reality Check durchzuführen, das heißt wie lebt sie im Moment und nach welchen Werten würde sie gerne leben oder lebt sie überhaupt nach ihren Werten? Jedoch hat der Coach in dieser Sitzung gemerkt, dass die Klientin so viele verschiedene Gedanken hat und hat sich somit spontan für die Methode der inneren Stimme entschieden hat, damit die Klientin ihre Gedanken erstmal sortieren konnte. Die Klientin hat für sich 8 Stimmen herausgearbeitet und diese dann durch Anleitung des Coachs in positive und negative Stimmen unterteilt. Danach hat sie die beiden für sich „lautesten" Stimmen herausgenommen. Eine der Stimmen war die „Pufferstimme", die hauptsächlich ihre kleinen Pausen im Alltag meint, die sie durch eine Zigarette schafft. Der Coach hat daraufhin nach anderen Möglichkeiten gefragt, wie sie eine Pause einbauen könnte ohne zu rauchen. Statt der Zigarette sind ihr einen Tee trinken oder in die Natur gehen eingefallen, welche sie gerne mag. Als Hausaufgabe nahm die Klientin diesen Zettel mit und hat ihn nach eigenem Vorschlag in ihr Buch geklebt, welches sie jeden Abend öffnet, um immer wieder daran erinnert zu werden.

Nach der ersten Coachingsitzung die 45 Minuten umfasste, arbeitete der Coach seine Notizen zu der Sitzung noch einmal auf und entschied sich dazu in der nächsten Sitzung die Werteliste mit der Klientin zu erarbeiten, um zu sehen ob die Klientin nach ihren Werten lebt und ob ihre Werte auch denen des Umfelds und des Arbeitsplatzes entsprechen.

Die zweite Coachingsitzung erfolgte eine Woche später und umfasste 45 Minuten. Der Coach stieg mit einer kurzen Zusammenfassung der letzten Sitzung seitens der Klientin ein. Die Klientin brach nach der Einführung in Tränen aus und erzählte, dass sie eine schlechte Woche hatte und ihre positive Pause statt dem Rauchen kaum umsetzen konnte. Die Klientin wollte die Sitzung abbrechen und auf einen Tag verschieben, an dem es ihr besser ginge. Der Coach sicherte ihr daraufhin zu, dass es normal ist, wenn Emotionen im Coaching auftreten und diese auch dazu führen können dass die Klientin weint. Nach kurzer Zeit und Verständnis seitens des Coachs beruhigt die Klientin sich wieder und ist bereit die Sitzung fortzuführen. Die zweite Sitzung befindet sich nach dem Grow-Modell auch noch in der Reality-Check Phase, da die Klientin in dieser Sitzung ihre Werte ausarbeitet. Die Klientin merkt, dass es ein Ungleichgewicht zwischen ihren Werten und der Auslebung gibt. Dass sie gerade innerhalb der Werte Liebe zu viel gibt und zu wenig auf sich selbst achtet, was sie immer wieder dazu bringt Kompromisse einzugehen, die sie nicht machen möchte diese dann wiederum ihre Unzufriedenheit fördern und die „es ist alles egal" Stimmung in Bezug zu ihrem Körper, durch die sie dann wieder raucht.

Die Klientin schreibt in dieser Sitzung ihre Werte auf. Daraus wird ihr bewusst, dass sie nicht alle Werte bewusst lebt und etwas dagegen tun muss, um ihre Unzufriedenheit und auch den positiveren Umgang mit ihrem Körper zu stärken. Der Coach fragt sie nach Dingen, die ihr im Moment fehlen in ihrem Verhalten, die sie ändern könnte und bittet die Klientin diese aufzuschreiben. Als Hausaufgabe nimmt die Klientin aus eigenem Vorschlag mit darauf zu achten ihr Verhalten nach ihren Werten auszurichten und dieses zu kontrollieren, in dem sie sich jeden Tag kleine Aufgaben gibt, an denen sie sich testen kann. Ein Verhalten welches sie zum einen unbedingt ändern wollte, war mehr Entscheidungen alleine zu treffen und diese nicht immer ihrem Partner zu überlassen. Als Hausaufgabe hat sie sich selbst gegeben jeden Tag kleine Entscheidungen für sich selbst zu treffen und nicht alle ihrem Partner zu überlassen. Außerdem nimmt sie sich nach der zweiten Sitzung als Hausaufgabe vor achtsam mit sich umzugehen.

Nach der zweiten Sitzung notiert der Coach sich die Gedankengänge der Klientin und überlegt sich, wie er in der nächsten Sitzung die Phase Options mit der Klienten einleiten kann. In der Phase Options sollte die Klienten selbstständig eigene Ideen und Alternativen entwickeln (Whitmore, 1994, S. 88). Wichtig ist, dass der Coach keine eigenen Ideen miteinbringt, sondern der Klientin die Möglichkeit gibt selbst Ideen zu entwickeln.

Der Coach sollte der Klientin das Gefühl geben, dass sie eigene Ideen und Lösungen finden kann und lässt der Klientin Raum diese zu akzeptieren und zu unterstützen, auch wenn er selbst nicht damit einverstanden ist. In dieser Phase sollte die Klientin möglichst viele Ideen zur Erreichung ihres Ziels entwickeln. Die Ideen, die schon in vorherigen Sitzungen entstanden sind, sollten nun wieder aufgegriffen und weiter verfolgt werden.

Die dritte Sitzung hat in einem Abstand von 2 Wochen zur vorherigen Sitzung stattgefunden. Sie umfasste 45 Minuten. Vor Beginn der dritten Sitzung schaut sich der Coach noch einmal die Hausaufgabe der letzten Stunde an, um diese am Anfang der Sitzung noch einmal mit der Klientin zu wiederholen. Der Coach überlegt sich vorab der Sitzung, wie die Klientin auf Lösungen kommen könnte und arbeitet mit Lösuungsorientierten Fragen sowie Brainstorming. Am Anfang der Sitzung baut der Coach erstmal Rapport auf und steigt dann mit der Frage ein Wie es der Klientin im Moment geht. Die Klientin erzählt, dass es ihr gut gehe, sie mittlerweile wieder arbeitet und sich gut fühlt. Der Coach fasst noch einmal die Hausaufgabe aus der letzten Stunde zusammen, in der die Klientin sich aufgeschrieben hatte achtsamer mit sich umzugehen, ihren Willen durchzusetzen beziehungsweise Entscheidungen selbst zu treffen und achtsamer mit ihrem Körper umzugehen. Die Klientin berichtet, dass sie mittlerweile wieder 2x die Woche zum Sport gehe, wieder arbeitet, was sie auch zufriedener stimmt (sie war krank geschrieben) wegen eines Bandscheibenvorfalls und sie geht 2x die Woche zur Krankengymnastik. Des Weiteren hat sie versucht weniger zu rauchen und Menschen in ihrem Umfeld befragt, die es schon geschafft haben aufzuhören. Daraufhin hat sie sich dafür entschieden eine Hypnose zu machen. Die Klientin berichtet, dass sie sich oft bewusst daran zurück erinnert wie es war, als sie es geschafft hat aufzuhören und versucht sich dieses positive Gefühl immer wieder bewusst zu machen. Der Coach erkundigt sich noch einmal genauer nach der Hausaufgabe und der Umsetzung ihre eigenen Entscheidungen zu treffen. Die Klientin berichtet, dass sie es öfter geschafft hat ihren Willen durchzusetzen und auch gegenüber ihrer Tochter „nein" sagen konnte. Des Weiteren geht sie achtsamer mit sich um, in dem sie sich nach dem Sport oder auch zwischendurch, wenn sie merkt dass es stressig ist öfter Ruhepausen nimmt. Die Klientin bestätigt außerdem mehr auf ihre Werte geachtet zu haben und sie durch die beschriebenen Handlungen bewusster umgesetzt zu haben.

Außerdem berichtet sie, dass sie sich nochmal bewusst gemacht wie viel sie bisher geschafft hat und dass sie wieder stolz auf sich selbst ist, da sie insgesamt vier Ausbildungen gemacht hat und sich mit 50 nochmal zur Gutachterin ausbilden lassen hat. Dadurch ist sie freier und unabhängiger auch von ihrem Partner und fühlt sich mehr respektiert. Sie sagt, dass sie sich das öfter bewusst machen möchte. Der Coacht fragt danach inwiefern sich diese Zufriedenheit auf ihr Gesundheitsverhalten auswirkt. Die Klientin beschreibt, dass sie merkt in einer Routine zu stecken, aus der es ihr gerade im Alltag noch schwer fällt auszubrechen. Im Urlaub oder am Wochenende habe sie damit deutlich weniger Probleme, doch sie braucht auch eine feste Struktur im Alltag und ist wenig spontan so wie für Veränderungen bereit. Ihr ist bewusst, dass sich das auch auf ihr Rauchverhalten auswirkt und sie durch diese Routine auf 13 Zigaretten am Tag kommt. Sie möchte gerne auf 5 kommen, aber sie weiß nicht wie sie diese Routine durchbrechen kann. Der Coach fragt nach möglichen Ideen, um eine Lösung für diese Situationen zu finden. Die Klientin beschreibt, dass sie das Geld was sie für Zigaretten ausgibt lieber für andere Dinge ausgeben würde. Der Coach fragt was wäre, wenn sie dieses Geld sparen würde wofür würde sie es dann ausgeben?

Die Klientin beschreibt, dass sie gerne in den Urlaub fahren möchte oder mehrere kleine Kurzausflüge zwischendurch machen möchte. Der Coach fragt die Klientin wie viel sie sparen würde im Monat und nach möglichen Ideen wie sie es sparen könnte. Die Klientin rechnet aus, dass sie auf 128€ im Monat kommt und dieses Geld gerne in ETFs, davon hat sie schon mal von ihrer Tochter gehört anlegen könnte, damit es sich dann auch noch rentiert. Der Coach bittet die Klientin sich diese Optionen aufzuschreiben und fragt sie im nächsten Schritt auf welcher Stufe ihrer Motivationsskala mit dem Rauchen aufzuhören sie momentan steht. Die Klientin beschreibt, dass sie derzeit auf einer 7 steht. Der Coach fragt sie, was noch fehlt um auf eine 10 zu kommen und was sie sich für das zukünftige Coaching wünscht. Die Klientin sagt, dass sie um auf eine 10 zu kommen einfach nur weitermachen muss. Außerdem fällt ihr auf, dass sie sich durch das Coaching öfter damit beschäftigt und auch unterbewusst mehr dafür tut Wege zu suchen, um aufzuhören. Des Weiteren will sie beibehalten sich an Menschen zu halten, die es bereits geschafft haben aufzuhören. Abschließend bittet der Coach die Klientin noch eine Hausaufgabe für sich daraus zu entwickeln. Die Klientin schreibt sich auf, dass sie als Hausaufgabe mitnehmen möchte ein Sparkonto anzulegen, ihre Kollegin zu bitten zusammen aufzuhören und zusammen zur Hypnose zu gehen. Zusammenfassend hat der Coach in der Phase Options einfach mit Fragen gearbeitet, die die Klientin auf Ideen bringen könnten andere Optionen für ihr Verhalten zu entwickeln.

## 2.2 Begründung der Vorgehensweise

Der Coach hat sich für die einzelnen Sitzungen an dem Grow-Modell nach Whitmore orientiert, um einen roten Faden im Coaching zu behalten (Whitmore, 1997, S.58).
Am Anfang des Grow-Modells steht das Goal setting. In dieser Phase erarbeitet der Klient sein Ziel und legt es mit dem Coach zusammen fest. Wichtig ist, dass der Klient dieses Ziel selbst anstrebt und will. Das Goal Setting wurde teilweise im Erstgespräch definiert, da dort auch über den Auslöser gesprochen wurde. In der ersten Coachingsitzung wurde das Ziel zu Beginn wiederholt und in dieser Sitzung auch noch mithilfe der Skala und einer genaueren Ausformulierung seitens des Klienten konkretisiert. Der Coach hatte in der ersten Sitzung den Eindruck, dass es der Klientin jetzt noch deutlicher ist, wobei ge-

nau sie Unterstützung benötigt und was genau ihr Ziel durch das Coaching ist. Im Erstgespräch hatte sie nur formuliert, dass sie mit dem Rauchen aufhören möchte. In der ersten Sitzung hat der Coach dann nochmal nachgefragt und die Klientin formulierte das Ziel, dass sie durch das Coaching positiver an das Nicht Rauchen herangehen möchte.

Um das Ziel genauer zu formulieren nutzte der Coach die Selbsteinschätzung der Klientin mithilfe einer Skalierungsfrage nach Radatz, um das Ziel greifbarer zu machen und differenzieren zu können und um am Ende einschätzen zu können, ob das Coaching wirksam war (Radatz, 2003, S.219-221).

Nach der Phase Goal Setting kommt die Phase Reality Checking, in der eine Realitätsprüfung durchgeführt wird. Das bedeutet, dass der Coach durch gezielte Fragen die momentane Situation der Klientin analysiert. Diese Phase erstreckte sich über zwei Sitzungen, in denen der Coach zum einen die Werteliste und die Methode „inneres Team" anwandte. Das innere Team sollte der Klientin Klarheit über ihre verschiedenen inneren Stimmen geben und das Ungleichgewicht zwischen den Stimmen, die das Rauchen befürworten und denen die gegen das Rauchen sprechen deutlicher werden lassen, damit die Klientin ihre Entscheidungen in Bezug auf das Aufhören klarer treffen kann, indem sie diese Stimmen zu unterscheiden und zuzuordnen weiß. In der weiteren Realitätsüberprüfung erarbeitete der Coach mit der Klientin ihre Werte, damit diese ihre Werte reflektieren kann und sich selbst besser verstehen kann. So sieht die Klientin auch, ob sie derzeit nach ihren Werten handelt und lebt oder wo sie sich noch verbessern kann oder muss, um ihrem Ziel näher zu kommen. Wichtig ist auch, dass die Klientin ihre Werte kennt, damit sie Eigenverantwortung übernehmen kann, indem sie selbst einzuschätzen weiß, ob ihr derzeitiges Verhalten einen positiven oder negativen Einfluss auf ihre Zielsetzung hat.

# 3    Darstellung einer Coaching-Sitzung

In der folgenden Aufgabe wird die erste Coaching Sitzungen detailliert dargestellt. Dazu wird die Sitzung in der Phase Reality Checking beschrieben, in der die Methode „das innere Team" angewendet wurde.

## 3.1 Darstellung einer ausgewählten Sitzung

Die gewählte Sitzung ist die zweite Coaching Sitzung mit der Klientin. Diese Sitzung befindet sich in der Phase Reality Checking. In dieser Sitzung entschließt sich der Coach dazu die Methode „inneres Team" anzuwenden, obwohl der Coach in der Vorbereitung geplant hatte in dieser Sitzung die Werte mit der Klientin zu erarbeiten. Das Ziel der Sitzung ist, dass die Klientin Klarheit über ihre derzeitigen Gedanken zum Thema Aufhören schafft und eine Struktur für sich bekommt. Jedoch merkt der Coach nachdem er Rapport hergestellt hat, dass die Klientin hin und her gerissen ist und viele ungeordnete Gedanken zum Thema Rauchen hat, aber keine klare Linie für sich ziehen kann. Der Coach steigt mit der Frage ein, wie es der Klientin im Moment geht. Die Klientin beschreibt, dass das Thema sie jeden Tag begleitet und sie oft merkt, dass sie schlechte Luft bekommt. Jedoch ist ihre Angst vor der Gewichtszunahme sehr groß. „Im Moment ist es so, dann nimmt man sich halt eine Zigarette, hat man die nicht, dann würde man eher zum Kühlschrank greifen und sich eine andere orale Befriedigung suchen." An diesem Satz ist gut zu erkennen, dass die Klientin das Thema noch nicht ganz bei sich sieht, da sie oft das Wort „man" verwendet. Die Klientin berichtet in mehreren Sätzen weiterhin davon, dass sie Angst hat dass sich ihr Stoffwechsel verändert. Daraufhin reagiert der Coach mit dem provokativen Stil von Frank Farrelly (1986), um der Klientin zu verdeutlichen, dass eine leichte Gewichtszunahme gesünder sein könnte, als das Rauchen und um ihren Glaubenssatz „mit dem Rauchen aufhören macht automatisch dick" zu unterbrechen. Der Coach fragt: „Was meinst du denn wäre gesünder, mit dem Rauchen aufzuhören oder etwas Gewicht zuzunehmen?"

Die Klientin antwortet, dass es auf jeden Fall gesünder wäre mit dem Rauchen aufzuhören, aber sich bestimmte Vorstellungen von ihrem Körper hat, die sie erfüllen muss, um zufrieden zu sein. Der Coach erklärt die Methode „inneres Team" und fragt die Klientin, ob sie diese Methode ausprobieren möchte, um ihre verschiedenen Gedanken zu diesem Thema zu sortieren. Die Klientin beginnt aufzuschreiben „Angst vor dem zunehmen". Der Coach fragt wie diese Stimme heißen soll und die Klientin entscheidet sich für den Namen: „die Verunsichernde". Die nächste Stimme ist „die Vernünftige" und sagt „Pia", das ist die jüngste Tochter der Klientin. Unter diesem Aspekt fallen mehrere Stimmen, zum einen dass die Klientin findet, dass Rauchen schafft zwischen ihr und ihrer Tochter eine Barriere, da ihre Tochter findet, dass das Rauchen stinkt. Der Coach schlägt der Klientin vor für diese Stimme noch „Hintergrundstimmen" auf extra Zetteln vorzubereiten, da es sich hier um mehrere Aspekte handelt. Die Klientin stimmt zu und notiert sich zusätzlich: Ekel vor dem Geruch, Pia fängt selbst das Rauchen an, schlechtes Vorbild. Diese Stimmen ordnet die Klientin der Vernünftigen Stimme zu. Der Coach fragt nach weiteren Stimmen, die der Klientin zu diesem Thema aufkommen. Der Klientin fällt nichts weiter ein, daraufhin sagt der Coach: „Lehne dich doch noch einmal einen Moment zurück, schließe die Augen und stelle dir vor, wie du draußen stehst und eine Zigarette rauchst. Welche Gedanken kommen dir jetzt in den Kopf?"

Die Klientin schreibt daraufhin die „Pufferstimme" auf, die sagt: „Das ist Zeit für mich". Weiterhin entwickelt die Klientin die „Belohnungsstimme", die sagt dass es ihre Pausen sind, in denen sie draußen steht und sich die Vögel anschaut, was sie als prinzipiell schön beschreibt, jedoch weiß dass sie es mit dem schlechten Rauchen verbindet.

Die „Gewohnheitsstimme" sagt der Klientin nach dem Frühstück, nach jeder Tasse Kaffee, nach jedem Essen: „Jetzt musst du eine rauchen, jetzt hast du gerade was gegessen".

Der Klientin fällt noch die Stimme „Angst vor Lungenkrebs" und „Angst vor dem Zunehmen" ein. Die Klientin möchte beide Stimmen der Verunsichernden zuordnen. Der Coach hinterfragt noch einmal die Eigenschaften der Stimmen, ob diese sich hinsichtlich der Auswirkungen eher positiv oder negativ zu unterteilen sind. Daraufhin erschafft die Klientin eine neue Stimme „die Essentielle" für „Angst vor Lungenkrebs" und beschreibt kurz, dass es lebenswichtig ist aufzuhören und die Stimme deshalb „die Essentielle" heißt.

Die Klientin beschreibt, dass sie das Rauchen auch gesellschaftlich unterschiedlich wahrnimmt. Zum einen empfindet sie ein Zusammengehörigkeitsgefühl, wenn sie unter Rauchern ist und zum anderen fühlt sie sich oft als Außenseiter, wenn sie unter Leuten ist, die nicht Rauchen. Sie erstellt zwei neue Stimmen die „Isolationsstimme" und die „Zusammengehörigkeitsstimme". Es entsteht eine kurze Ruhephase und die Klientin überlegt. Sie beschreibt, dass sie sich wenn sie raucht den gesellschaftlich unteren Schichten zugehörig fühlt und schreibt das als Hinterstimme zur „Isolationsstimme" auf. Danach fallen der Klientin keine weiteren Stimmen mehr ein. Der Coach schlägt vor, dass die Klientin die Stimmen nach ihrer Ordnung sortieren kann. Daraufhin sortiert die Klientin die Stimmen danach, ob sie diese für sich als positiv oder negative Effekte wahrnimmt. Zu den positiven Effekten zählt sie die „Belohnungsstimme", die „Pufferstimme", die „Zusammengehörigkeitsstimme" und die „Gewohnheitsstimme". Dann fällt der Klientin auf, dass die „Gewohnheitsstimme" für sie doch nicht positiv ist, sondern sie es eher als Zwang empfindet und ordnet diese Stimme doch bei den negativen Effekten ein. Dann unterteilt sie die Stimmen nochmal in zwei Kategorien: Warum sie nicht aufhören sollte mit dem Rauchen und in die zweite Kategorie: Warum sie raucht. Die „Gewohnheits-stimme" ordnet sie dem warum sie raucht zu und die „Verunsichernde" Angst vor dem Zunehmen ordnet sie der Kategorie warum sie nicht aufhören sollte zu rauchen zu. Die Hinterstimmen „schlechtes Vorbild" und „Gestank" der Stimme die „Verunsichernde" ordnet sie den Gründen zu warum sich aufhören sollte (die Klientin erschafft eine neue Kategorie), zu dieser Kategorie zählt sie auch die „Isolationsstimme". Der Coach sagt: „Was sind für dich von diesen ganzen Stimmen die zwei stärksten?" „Suche dir mal zwei Stimmen raus".

Die Klientin sucht sich zwei Stimmen heraus. Der Coach sagt der Klientin sie soll die anderen Stimmen zur Seite legen und sich nochmal auf diese beiden Stimmen konzent-rieren und nochmal zwischen diesen beiden reinzuhören, welche Stimme stärker ist.

Sie sucht sich die „Belohnungsstimme" und „Angst vor dem Lungenkrebs" raus. In der weiteren Unterteilung entscheidet sie sich für die „Belohnungsstimme" welche sie als ihre lauteste Stimme von allen empfindet. „Eigentlich müsste die „Angst vor dem Lungen-krebs" Stimme viel stärker sein, aber das ist die Stimme, die ich halt versuche super zu verdrängen und die Belohnungsstimme ist diese, die immer da ist.

Der Coach fragt die Klientin, was sie statt dem Rauchen als Puffer einbauen könnte. Da-raufhin beschreibt die Klientin, dass sie gerne in der Natur ist und das genießt um runter-zukommen und dass sie sich auch vorstellen könnte nur einen Tee zu trinken als Beloh-nung. Der Coach fragt die Klientin, ob sie für sich eine Hausaufgabe formulieren kann, in die sie diese Belohnungssysteme mit einbringt. Die Klientin schreibt sich die Beloh-nungssysteme „in die Natur gehen" und „Tee trinken" auf und schlägt vor diese in ihr Buch zu kleben, wo sie sie jeden Abend sehen kann. Der Coach holt sich ein Feedback der Stunde ein, die Klientin beschreibt, dass ihr nun klarer ist, dass sie durch die Beloh-nungsstimme und die Zusammengehörigkeitsstimme ihr Verhalten schön redet. Sie wünscht sich für die nächste Stunde noch mehr Ideen zu sammeln, wie sie ihre Alltags-routine, in der sie sich sicher fühlt durchbrechen kann.

## 3.2 Darstellung wichtiger Gesprächspassagen

In dieser Aufgabe werden die wichtigen Gesprächspassagen der ersten Coaching Sitzung genau dargestellt und die Haltung des Coachs, sowie die eingesetzten Techniken genauer beschrieben.

Coach: „Dein langfristiges Ziel ist es ja mit dem Rauchen aufzuhören, und durch das Coaching möchtest du eine positivere Herangehensweise an das Aufhören entwickeln. Hat sich denn nach unserem Erstgespräch noch etwas verändert oder ist dir noch etwas aufgefallen?"

Klientin: "Ich habe wieder oft darüber nachgedacht, dass ich dann Angst hätte zuzunehmen. Klar begleitet mich das jeden Tag und wenn ich dann rauche und merke, dass ich schlecht Luft kriege denke ich jetzt hast du wieder zu viel geraucht."

In diesem Moment entscheidet sich der Coach um, in dieser Sitzung statt der Werteliste das innere Team anzuwenden, da er den Eindruck hat, dass die Klientin von mehreren Stimmen gesteuert wird, die sie noch nicht klar differenzieren kann.

Klientin: „Hat man die Zigarette nicht, dann würde man sich eine andere orale Befriedigung suchen, zum Beispiel zum Kühlschrank nehmen und sich Schokolade suchen. Aber würde man dann Sport machen, hätte man ja vielleicht nicht diesen Ping Pong Effekt. Das wäre ja mal eine Idee".

Der Coach hört aktiv zu, da er den Eindruck hat die Klientin ist noch nicht fertig mit dem Erzählen.

Klientin: „Jeder muss ja auch glaub ich so selber seinen Weg finden, die einen fangen an Kaugummi zu kauen, dann hatte ich mal einen Chef, der hatte immer einen Stein in der Tasche, um seine Hände zu beschäftigen. Ich glaube, dass da dann irgendwie eine Lücke entsteht und die Zeit dann sinnvoll zu nutzen außer mit Essen oder so.. weiß ich nicht."

Coach: Was meinst du denn wäre gesünder aufhören zu rauchen oder etwas an Gewicht zuzunehmen?" Der Coach bringt den provokativen Stil ein, um die Klientin hervorzulocken, da er merkt, dass sie viele Aspekte sammelt, die ihr das Rauchen schön reden.

Klientin: „Etwas zuzunehmen wäre bestimmt gesünder, ich bin ja nicht übergewichtig, aber klar man hat ja so seine Vorstellungen, wie man aussehen möchte..."

Coach: „Ich würde dir vorschlagen, dass wir heute mal eine Methode ausprobieren die sich „das innere Team" nennt, in der du einfach mal alle Stimmen zu dem Thema sammeln kannst, um herauszufinden, was dich vielleicht noch davon abhält oder beeinträchtigt aufzuhören, wenn du möchtest."

Der Coach möchte durch die oben genannte Methode die Klientin unterstützen für sich Klarheit in ihre Gedankengänge zu bringen und klar differenzieren zu können.

Die Klientin probiert die oben beschriebene Methode und listet ihre innere Stimmen auf. Der Coach begleitet diesen Prozess, in dem er nachfragt, ob der Klientin noch etwas einfällt, wenn er merkt, dass eine Pause entsteht. Des Weiteren erfragt der Coach zwischendurch die Namen der Stimmen, wenn er merkt, dass die Klientin keine genaue Zuordnung finden kann. Während der Sitzung bleibt der Coach neutral und unterstützt den Klientin nur durch Nachfragen, was die Stimmen sagen und bedeuten. In einer Ruhepause sagt der Coach, als er merkt, dass der Klientin nichts mehr einfällt: „Lehne dich doch noch einmal einen Moment zurück und stelle dir vor wie du draußen stehst und eine Zigarette rauchst. Welche Gedanken kommen dir jetzt in den Kopf?"

Klientin: „Zeit für mich..so ein Puffer als Überschrift. Puffer zwischen dem was man so macht am Tag."

Coach (zustimmendes hmm): „also die Stimme ist die Pufferstimme?"

Klientin: „Lacht... ja, da spielt ja ganz vieles eine Rolle, ich könnte darunter auch nochmal schreiben Zeit für mich oder noch eine extra Stimme, die Belohnung. Ich habe da auch so ein Belohnungssystem eingeführt, das heißt nach jeder Sache, die ich mache kommt die Belohnung also die Zigarette mit Tee oder Kaffee."

Der Coach hört in dieser Phase nur aktiv zu und lässt die Klientin die verschiedenen Stimmen beschreiben und ausarbeiten.

Klientin: „Ja, das ist für mich immer außer wenn man krank ist ein schönes Abendprogramm, also spazieren gehen in der Natur."

Coach: „Was könntest du dir denn vorstellen als Puffer einzubauen statt einer Zigarette?"

Klientin: „Ja ich könnte mir vorstellen, nach draußen zu gehen oder auch mal die Zettel angucken mit den Stimmen."

Coach: „Wo könntest du die Zettel denn platzieren, sodass du sie immer sehen kannst?"

Klientin: „Im Hauswirttschaftsraum oder in meinem Buch..."

Zum Abschluss der Sitzung setzt der Coach gezielte Fragen ein, um die Klientin auf Ideen zu bringen, wie sie ihre Pausen anders gestalten könnte als mit einer Zigarette und wie sie sich das immer wieder bewusst machen kann. Die Haltung des Coaches ist bei der Entwicklung der Hausaufgabe neutral und er nimmt dieses durch aktives Zuhören auf und fragt die Klientin wann und wie sie ihr Vorhaben umsetzen könnte.

# 4 Ergebnisbewertung und Schlussfolgerungen

Abschließend wird das Gesundheitscoaching reflektiert und das Ergebnis durch die Einschätzung der Klientin dargestellt.

## 4.1 Einschätzung des Ergebnisses durch den Klienten

Die Klientin begann das Gesundheitscoaching mit dem Ziel den Versuch mit dem Rauchen aufzuhören positiver und motivierter anzugehen. Sie ist sich bewusst, dass sie allein durch das Coaching nicht schaffen kann aufzuhören, sondern auch selbst an ihrem Verhalten arbeiten muss und das Coaching sie dabei unterstützt. Am Anfang des Coachings schätzte die Klientin ihre Motivation auf einer Skala von 1-10 bei 4 ein. Nach dem Coaching befindet sich die Klientin auf der Skala bei einer 7. Abschließend beschreibt sie, dass sie sich durch das Coaching auch unbewusst immer mehr Gedanken macht und nach Möglichkeiten sucht, wie sie es schaffen kann mit dem Rauchen aufzuhören. Das Gesundheitscoaching hat ihr dahingehend geholfen sich klare kleine Ziele zu setzen, wie zum Beispiel eigene Entscheidungen zu treffen, sich mit einer Kollegin gegenseitig zu motivieren und nach Angeboten zu suchen wie zum Beispiel Hypnose, um mit dem Rauchen aufzuhören. Am Anfang des Coachings hatte die Klientin noch keine Versuche unternommen mit dem Rauchen aufzuhören. Die Klientin sagt: „Das Coaching hat mir etwas gebracht, weil ich da jetzt einfach mehr drüber nachdenke und auch den Entschluss gefasst habe mit dem Rauchen aufzuhören. Im Moment suche ich gezielt nach Angeboten, um mit dem Rauchen aufzuhören. Es hat mir auf jeden Fall den Anstoß gegeben. Trotzdem würde ich gerne weitere Coaching Sitzungen in längeren Abständen machen, um weiterhin diese Unterstützung zu erhalten."

Die Lösungsbereitschaft und Lösungsfähigkeit der Klientin war in den Sitzungen unterschiedlich und hing stark von der Stimmung der Klientin ab. In einer Sitzung in der sie nicht gut gestimmt war fiel es ihr deutlich schwerer Lösungsansätze zu finden und Ideen zu entwickeln, sowie ihre eigenen Ideen anzunehmen. In der zweiten Sitzung, die mit einer sehr hohen Emotionalität seitens der Klientin begann und die sie dann zuerst abbrechen wollte, erzielte jedoch sehr intensive und tiefer gehende Lösungen für die Klientin. Insgesamt ist die Klientin lösungsbereit, da sie auch erkannt hat, dass sie an ihrem Verhalten etwas ändern muss. Die Gesprächsatmosphäre war in jeder Sitzung anfänglich etwas oberflächlich, der Coach konnte merken, dass die Klientin einen Moment brauchte, um wirklich in der Sitzung anzukommen und diese auch ernst zu nehmen. Nach den ersten 10 Minuten war die Gesprächsatmosphäre jedoch immer offen und ehrlich, sowie entspannt und ruhig und die Klientin ließ sich auch auf tiefer gehende Gespräche ein und nahm den Coach an.

## 4.2 Schlussfolgerungen

Abschließend beschreibt der Coach noch einmal seine Einschätzung der Sitzungen. Für den Coach waren die Sitzungen sehr intensiv und es war oft schwer für den Coach die neutrale Haltung zu bewahren. Gerade wenn die Klientin länger brauchte, um auf ihre Lösungen zu kommen oder der Coach merkte, dass sie zwischendurch demotiviert war oder sich das Rauchen auch manchmal schön geredet hat, hatte der Coach das Verlangen seine eigene Meinung mitzuteilen. Der Coach blieb trotzdem neutral, auch wenn es ihm schwerfiel. Am Ende der Sitzungen ertappte der Coach sich oft dabei, wie er die Klientin durch gezielte Fragen zu Lösungen lenkte und dadurch der Klientin ein wenig Freiheit nahm ihre eigenen Ideen noch weiter zu entwickeln. Die Vorbereitung empfand der Coach als ausreichend. Er empfand es als nützlich sich die Gedanken der Klientin aus der letzten Sitzung noch einmal anzuschauen, um diese am Anfang wiederholen zu können. Jedoch fand er es nicht hilfreich sich, eine Methode vorzunehmen, da er die Erfahrung gemacht hat, dass diese dann manchmal einfach nicht in den Coachingprozess passt und dies erst während der Sitzung auffällt. Der Coach nahm alle Gespräche mit Einverständnis der Klienten auf und die Sitzungen so immer wieder gut wiederholen und noch einmal nachempfinden. Als Arbeitsmittel reichten dem Coach Papier und Stifte aus damit die Klientin sich etwas notieren konnte und auch für das „innere Team" wurden diese gebraucht. Der Coach würde jedoch keine weiteren Mittel einsetzen, da er diese eher als ablenkend empfindet.

# 5   Literaturverzeichnis

Farrelly, F. & Brandsma, J.M. (1986). *Provokative Therapie*. Berlin: Springer.

Radatz, S. (2003). *Beratung ohne Ratschlag. Systemisches Coaching für Führungskräfte und BeraterInnen; ein Praxishandbuch mit den Grundlagen systemisch-konstruktivistischen Denkens Fragetechniken und Coachingkonzepten* (3. Aufl.). Wien: Systemisches Management.

Schlippe, A. & Schweitzer, J. (2007). *Lehrbuch der systemischen Therapie und Beratung* (10. Aufl.). Göttingen: Vandenhoeck & Ruprecht.

Whitmore, J. (1997). *Coaching für die Praxis*. München: Heyne.

Whitmore, J. (1994). *Coaching für die Praxis*. Frankfurt am Main: Campus-Verlag.

# 6 Abbildungs- und Tabellenverzeichnis

# BEI GRIN MACHT SICH IHR WISSEN BEZAHLT

- Wir veröffentlichen Ihre Hausarbeit, Bachelor- und Masterarbeit

- Ihr eigenes eBook und Buch - weltweit in allen wichtigen Shops

- Verdienen Sie an jedem Verkauf

Jetzt bei www.GRIN.com hochladen und kostenlos publizieren